AUSENCIAS

Beatriz Cerón Morales

COLECCIÓN ITES

AUSENCIAS

© Beatriz Cerón Morales
© Prólogo: Pablo Bujalance
© Obra de portada: Mario Cerón
© de esta edición: Olé Libros, 2024

ISBN: 978-84-10053-43-4
Depósito legal: V-2890-2024
Impreso en España

KALOSINI, S. L.
Grupo editorial **olélibros**
equipo@olelibros.com
www.olelibros.com

A mis ausentes
A mis presentes
A mis futuros

El centro es una ausencia,
de punto, de infinito y aun de ausencia
y sólo se acierta con ausencia.

ROBERTO JUARROZ, *POESÍA VERTICAL.*

PRÓLOGO
Para una poética del *sin*

Al menos desde Homero, la literatura ha abordado la cuestión fundamental de la ausencia como una poética única de la afirmación: confiado el sentido a lo que las palabras puedan dar de sí, resulta mucho más significativa la representación de la realidad mediante lo que no está, el hueco, la desaparición y la huida. Para incluir cualquier objeto en la escritura, conviene hacerlo desde su carestía en lugar de su manifestación; así, el objeto ocupará el lugar más favorable en la imaginación, como elemento armado desde una evocación más afín al ejercicio creador de la lectura que la materialización indudable. Que el regreso de Ulises a Troya mereciera o no el canto de la *Odisea* dependía de la distancia a la que intuyéramos al héroe; igualmente, para que el amor por Dulcinea justificara las empresas de don Quijote, la depositaria de tal devoción debía mantenerse siempre al margen, apenas esbozada, en los dominios de la alucinación o el sueño. En virtud de esta norma, Homero y Cervantes logran abrazar una expresión poética que, de otra forma, se habría consolidado como mera declaración notarial respecto a determinados hechos. Escribir sobre la ausencia, especialmente si se escribe desde una convicción poética, entraña, por tanto, un cierto ejercicio metaliterario, un escribir sobre la escritura misma o, al menos, sobre los procedimientos a través de los que la literatura reconstruye el mundo y sus leyes. Las *Ausencias* de Beatriz Cerón pueden leerse, en consecuencia, como una aproximación a la escritura, a la mirada que el poeta dirige al mundo, a la defensa de lo menos evidente como vía para abrazar lo implícito. Desde una intuición zambraniana, a la que Cerón es adepta sin medias tintas, este libro se sostiene en una poética del *sin*, en una exploración adscrita a lo silenciado para así optar a decirlo todo. Todavía habrá que seguir reivindicando la apuesta por la negación y el desprendimiento para el alumbramiento de la literatura más urgente y necesaria. Ahora que en el debate público han quedado igualadas la realidad explícita y su versión *fake*, tal fidelidad al *sin* se traduce no solo en una solución estética, también, si se quiere, en una resistencia moral. Frente a los vaticinios agoreros con los que la postmodernidad pretendió relativizar cualquier empeño favorable al conocimiento e identificación de la experiencia, confirmada la inhabilidad de los viejos sistemas real-positivistas, la poesía ha preservado, intacta, la certeza de que lo que escapa a la existencia, la identidad con la que no contamos y que apenas intuimos, ofrece la mejor disposición para incorporar tal experiencia a la escritura. Para conocer el mundo como es, solo hay que volver a crearlo a partir de lo que no es.

Pero en las páginas que siguen encontrará el lector mucho más. Titula Beatriz Cerón esta colección de poemas con la fórmula *Ausencias* bajo la convicción, certera, de que no hay una sola ausencia, sino al menos tantas como la experiencia sea capaz de recabar para evocar y hacer la realidad. Encontramos aquí la ausencia física, intelectual, ética, natural, familiar, tecnológica, en tantas modalidades como variantes admita el juego: como «un humano más a la espera», hacemos de la ausencia una manera de habitar el hueco, en un espectro en el que ya no importa tanto que la ilusión se haga pasar por real como la conformidad, de una u otra forma, con tener que seguir esperando. El *Gepeto* que ahora se nos ofrece para darnos todas las respuestas no es sino otra expresión de la realidad no presente, un *algo* que presuntamente se dirige a nosotros desde el otro lado sin presencia ni autenticidad, pero que, por la misma regla creadora de la ausencia, se nos antoja extrañamente humano, como una conquista familiar y resonante. Al igual que la literatura, nuestro vínculo con lo demostrable se sustenta mucho más en lo que no está, lo que no ha llegado, que en la certificada comparecencia. Y este accidente tendrá que ver, seguro, con la razón transformadora que nos regaló Prometeo: solo podemos relacionarnos con la realidad sometiéndola, haciendo de ella algo que no es; convirtiéndola en ausencia con tal de que la ilusión de la presencia sea más fuerte.

También es *Ausencias* un libro sobre el tiempo. Y lo es de manera consecuente: Cerón se vale de la polisemia que acusa el término *presente*, con un significante válido tanto para la modalidad sustantiva del tiempo comparable al ahora, inasible y utópico, como para la calidad adjetiva de quien hace acto de presencia. Y es que la antinomia que contradice a la ausencia exige esa determinación del *ya*, irrevocable, inconfundible, para validar su condición. Tal determinación acusa, lo sabemos, un fallo general en el sistema: lo que consideramos presente no es más que una desubicación última y extrema de un pasado que siempre es tal, inmediato, pero ya ajeno, ínfimo pero absoluto en sus dominios. Así, la presencia, como Dulcinea para don Quijote, no es más que pura ensoñación: un hechizo, tal vez un consuelo, por el que estamos dispuestos a creer que somos capaces de congelar el tiempo por más que el río de Heráclito corra siempre mucho más rápido. La manifestación de la realidad que corresponde por derecho al tiempo presente no es, por tanto, la presencia, sino la ausencia misma; somos, por esto, seres siempre a la espera, entregados a la expectación y confiados en el espectro que abrazamos, to-

abrazamos, total ausencia, nada más que nada. Y así, si *Ausencias* versa sobre el tiempo, también lo hace sobre la memoria, aquel territorio en el que el *con* era norma y a cuyo dominio creemos regresar siempre. No hay, al cabo, mayor aliado de la ausencia que la memoria, el recuerdo que precisa de la constante evocación más allá del registro sensorial; en la continua confusión de pasado, presente y futuro, en la mescolanza caótica de recuerdo, y ahora se encuentran las líneas maestras del sueño imprevisto que nos reconoce como seres humanos. Y, tal como demuestra Beatriz Cerón en estas páginas, la poesía es, tal vez, el instrumento que con más fidelidad nos permite establecer un diagnóstico al respecto.

Corresponde al lector ahora acoger las *Ausencias* trazadas en estas páginas y convertirlas en presencias firmes, veraces, reconocibles: las que solo la poesía puede proveer con las mayores garantías. Para su fortuna, Beatriz Cerón es una autora generosa a la hora de conceder al lector el papel creador que por derecho le corresponde. Para algunos, este gesto podría ser interpretado como una exigencia; para los verdaderos amantes de la poesía, sin embargo, este espacio será celebrado, siempre, como una invitación al juego. Comparten estos versos, tentadores, lúdicos, cercanos al misterio, constructores de tiempos y de espacios, la serena exhortación, común en la mejor poesía, a ser leídos y releídos con gozo, a la espera de que se abra cada vez una puerta a una ausencia distinta, a otra ocasión para que el mundo, contenedor de todos sus contrastes, suceda. Sirva este libro como compañero leal para semejante aventura.

PABLO BUJALANCE

Pasado presente

Hipótesis de ausencia

La herida se implanta en el cuerpo
miradlo
está vivo.

Pablo Bujalance, *Los secretos eléctricos del cielo.*

Si pudiera hacerme el vacío
como esas aspiradoras que quitan el aire a las mantas,
me quedaría tan hueca
que no me preocuparía por las carnes sobrantes,
ni por el corazón,
ni por el hígado y sus humores,
que el estómago saliese por el tubo
sería un alivio.
¡Úlcera, al agujero, al hoyo, muerte al Helicobacter pylori!
Arrugadita y feliz como una anciana,
TAN HERMÉTICA.

Si pudiera, plantaría un árbol por cada tristeza,
al menos así
la pena
serviría
para ahogar
el carbono
en lo más
profundo
con sus hojas de humus,
con su compost de lombrices,
manto feliz de inmundicias.

Si pudiera ser mando a distancia,
apagaría la corrupción de los aparatos
que dicen lo que quieren,
que enseñan lo que quieren,
que hacen lo que quieres

                         y lo que no quieres.

Si pudiera ser jersey,
me pido el de lana basta
que abrigue y que pique a partes iguales,
y que se haga bolitas
para que cuando las arranques
esparzas un poco de mí
y rueden como salicores
en el suelo, locas,
hasta que un zapato las pise
y se las lleve presas en sus dientes para conocer mundo.

Si pudiera ser madera incorruptible,
me pido ser sicomoro
para guardar mi momia y reconocerme
por las noches,
por el día,
con el tiempo.

Si pudiera ser un kalashnikov,
me encantaría encasquillarme en cada tiro,
ver la rabia del gatillo y el alivio de los rostros,
una ráfaga de carcaJAda en mis adentros.

Si pudiera ser placa

                         fotovoltaica,

estaría llena de energía,
regalaría hogar,

calor y fresco
a 300 kw la hora.

Si pudiera ser bandera,
me enredaría en el mástil con el viento,
nadie vería mis colores
mezclados en abrazo
y algún día
—soleado—
cuando el calor apretase enseñaría mis carnes hasta desteñir mis pinturas
y algún día
—de lluvia poderosa—
me esparciría libre aceptando el llanto hasta quedarme limpia
[hasta volverme blanca.

Si pudiera ser océano,
quisiera ser salado, muy salado,
de aguas cálidas,
de corrientes suaves,
tener la bravura de las olas,
mecer a los cuerpos
                                        VIVOS
y llevarlos donde ellos me pidieran
                                        flotando
hasta la orilla.

Si pudiera ser el pecho de una madre inagotable,
manto de nieve,
surtidor de alimento,
todos seríamos niños para siempre.

Si pudiera convertirme en número,
sería un cero redondo y obeso.

Nadaría en la abundancia del cero:
cero muertes,
cero líos,
cero virus,
cero ceros.

Si tejido,
quisiera el impermeable
para que me resbalara
                                todo
                                        por mi piel
                                                de gore-tex.

Si me hiciera impresora,
escupiría versos por mi boca,
en papeles perfectos noventa gramos
con márgenes perfectos,
con letra perfecta,
versos y más versos imperfectos.

Si pudiera ser un cuento,
cambiaría todos los finales
pero
solo soy un humano más a la espera.

Ausencia

*El agua ensimismada
¿piensa o sueña?*
María Zambrano, *Poemas*.

Quiero que vengas flor, desde tu ausencia.
Miguel Hernández, *El rayo que no cesa*.

Una huella palpable en la penumbra
queda,
horizonte infinito en la retina,
un remar en el cielo soterrado,
pirámide sin cúspide, jardín
helado de crujiente precipicio.

Cuántas palabras viajan sin el rumbo
de las letras zambullidas en tus poros,
resbalan por tu cuerpo juguetonas
y tristes,
no encadenan sus destinos
y se pierden ahogadas en tu agua
ensimismada, seca y taciturna.
Tu ausencia
presente por costumbre.

Pérdida

Tu vejez marchó
sin tu permiso
sin emprender la senda
como el humo
nacarado
quedó guardada
en el arcón
errante
sin cerrojo
dónde vagó la arruga
el temblor de manos
los cabellos desbocados
la memoria incierta
¿Acaso no te merecía
o
fue a la inversa?

SolEdad

Se busca persona
para llorar
por los ancianos que en los asilos
mueren.

Wislawa Szymborska, *Antología poética.*

Ni una lágrima en la mano yerta
que recoja la tristeza.
Ni unas alas de mariposa
abrazando al cadáver
para dar el último adiós,
plástico y distancia,
foto en movimiento,
tos que ha engullido las palabras.
La lúcida piel no entiende qué pasa,
le falta el discurso de los dedos,
la humedad de la dádiva en la frente,
esculpir el rostro con cincel de seda.
Lloran los poros de solEdad obstruidos.

El viaje

Que tú me enseñes todo
y yo no enseñe nada
demuestra que este mundo
por mucho que cigüeñas
aplaudan con sus picos
discurre asalmonado
en contra de corrientes.
Buscamos el pasado
—certeza inamovible—,
sin embargo,
todo está en los ojos:
cuadros y su quietud
cromada,
libros y su quietud
escrita,
mármol y su quietud
helada.
El tiempo aviva el arte,
la música y las letras,
o da muerte a la víctima.
Nada es lo que fue,
fue nada y ahora es todo.
¿Qué fuimos?
¿Qué somos?

Llevábamos espadas,
blancas y corcheas,
la piel desnuda a medias,
todo vuelve estropeado
pensaremos la forma
de restaurar lo viejo,

que no se aprecie la ausencia
o que explote lo nuevo
sin filtros
en nuestros ojos llenos,
vací   os
eter   nos

La lengua de Filomela

Hablo la lengua de los conquistadores
pero digo lo opuesto de lo que ellos dicen.

Cristina Peri Rossi, *Condición de mujer.*

Estaba como pétalo caído,
a pesar de los años roja y fresca,
imposible no caer en sus papilas
gustativas
                    —pupilas de sus ojos—,
en su doblez alada
            tempestuosa.
Me coloqué la lengua tras la mía —siempre quise escupir la lengua larga—.
Filomela estará expectante desde
arriba o desde
                            abajo
¡quién lo sabe!
El silencio finito arde en llamas.

MUJERES

Mujer, sí,
Madre, no,
ojalá este presente
         heredado
pudiera regalárselo a Néstore.
Madre, no.
Si es un mantra repetido,
puede que cale en las aves.
Hambre y empacho
vástagos malditos.
No siento ardor en mi útero
ni la llamada en mis vórtices.
Soy mala madre sin serlo,
quiero enterrar a mis genes
en el asfalto oscuro,
que se los lleve el polvo
de los neumáticos negros.
No tengo necesidad
de ramas ni de pétalos
suaves, ni de ser raíz
de un árbol frondoso,
que se hunda conmigo el tronco.
Así que ¡no me preguntéis!
Gracias, Filomela,
por
¡tu lengua!

AguaS

un balde de lágrimas
            horadar la tierra con las aguas
de los llantos
            traspasar la sangre a otras venas
estrujar los algodones
                        llenar los vasos

cada hoja ausencia del árbol
crujir del suelo repetido
anuncio de un brote intimidado

continente por contenido
desecho complaciente
en el río complacido

Presente futuro

MI BARRIO

En el barrio de mi cuerpo
la peluquería siempre está cerrada.
Si doblas la esquina,
encuentras algunas frutas.
La mercería no gana mucho dinero,
pero sí la óptica
—que ya tengo lectura vaginal—
como diría una amiga,
además, qué bien viste eso de ser
astigmática.
El gimnasio se reduce
a una elíptica
y en la tienda de deportes nunca faltaron pelotas.
La carnicería ya vendió
un buen tajo
de carne,
del pecho,
de mala calidad.
En la farmacia tengo una cita
todos los meses.
Probablemente acaben abriendo
una tienda de aparatos auditivos.
El dentista es agradable
aunque tampoco del otro mundo.
La clínica de depilación
ha dejado de ganar dinero.
Se come sano y bien
en el restaurante de abajo.
Hay un par de cuestas pequeñas
y un diminuto jardín.

La carretera tiene curvas suaves
con fino asfalto,
tan fino, tan fino
que a veces se derrite con el calor
o le salen socavones.
Las tiendas de bebé
ya están cerradas
—afortunadamente—.
Muy pocas entro en la perfumería,
sí en las zapaterías,
gasto mucho los pies.
La academia de baile duró pocos meses,
en la de música entro y salgo,
en la de idiomas entré muchas veces
con algunos resultados
y siempre miro con envidia a la de dibujo.
He visto algunas películas,
de casi todos los géneros,
las de terror no me gustan,
prefiero las de acción
y las de risa.
Han abierto una tienda ecológica reciente.
Me gusta comprar en la floristería,
pero siempre para otros.
La librería, ay, la librería,
tiene buenos clásicos,
acudo todos los días,
a veces hasta tres veces,
tengo impregnado el olor
a libro viejo.
No soy muy de dulces,
que el sudor es salado,
así que la pastelería me la salto.

Me atrae la tienda de especias:
picantes, cardamomo, canela,
aunque no entro mucho,
solo algún tecito de vez en cuando.
Espero que te guste mi barrio,
a mí, la verdad, me gusta,
ese aire de misterio,
esas calles aparentemente seguras,
es cierto que empieza a estar viejo,
que las grietas se ven por todas partes,
que hay un poco de locura en cada esquina,
hay gritos a veces,
multitud de defectos,
pero ya me he acostumbrado a vivir aquí.

Poso

La hamaca sigue viva tras la ausencia
con un vaivén retorna a su postura
el pétalo se mece en la caída
se posa el tiempo límpido y oscuro
el agua se enamora de la hoja
le va abrazando el cuerpo hasta besarlo
la arena borra tímida las huellas
del paso de los seres más discretos
así quiero mi muerte acompasada
en un suave y lento precipicio
una parada quieta
un descansar en agua
una discreta huella
de un beso regalado para siempre.

Noche de amor

Cierta vez un sueño tejió una sombra
sobre mi cama [...].
WILLIAM BLAKE, *Un sueño.*

nunca mía
creí poseerte
mostrarte como un triunfo
ser la circunferencia
que te abarcaba por las noches
tan nítida
en sucesión

                  olas
tacto
                      perfume
tenerte
por un instante
en los labios
convencido del presente
sin olvido
pero
el amor se extingue
se agota
desaparece
en la gélida noche de la memoria
se transforma
en otra historia
amable
                sin pasión
se parecen
los cuerpos

41

pero no encajan contigo
la o se convierte en u
—escapada libre—
la estela estuvo ahí
tangente
a la vista de los párpados cerrados

en la mañana
solo quedan las palabras.

SILENCIO

Armónica dormida en anaquel
Guitarra en su funda introvertida
Cajón encarcelado entre paredes
Darbuka como ofrenda de una mesa
Piano de tablero de ajedrez
Quietud en los metales de una flauta
Xilófono de un puzle desatado
la música elegida
el grito más humano.

BUROCRACIA

Tienes madera de
tenías
ahora nudos
corteza
acaso mueble

Fuiste pino canadiense
—*big pine*—
cedro rojo ilusionado
música de arce
escudo de fresno

hoy nogal pisado
savia descorchada
bosque quemado
mientras los niños juegan
niños eternos
más niños

tú árbol viejo
talado
ceniza de llama
manto de suelo

¿Cuánto duran los árboles?

Al olmo viejo,
hendido por el rayo,
ninguna hoja verde le ha salido.

PUERTAS

Vive en mi ausencia como en una casa.

PABLO NERUDA, *SONETO XCIV.*

A veces la mirada de una puerta es triste,
la madera tiene como un aire de melancolía,
las macetas del patio parecen cansadas,
aunque no les falte el riego de la alborada.
Las ventanas lloran cuando nadie las ve,
por eso se entornan las persianas
y el tejado se hunde en las cuatro paredes.
Una grieta es quizás el único signo de su existencia.

TIC, TAC

Escuchar solo el reloj
es un lujo,
un mandala de trinos.
Cuando todos salen por la puerta
—aquella tan triste—,
la paz se revela alegre.

De dal

coge un hilo
forma un círculo con él
creaste el infinito
pon dos dedos
a cada lado
estira
forma un cuadrado
la ventana a un abismo
vuelve al hilo
forma un triángulo
isósceles
creaste la desigualdad
dibuja la letra de tu nombre
una identidad
observa
coge el hilo
enrédalo en tu dedo
aprieta
corta el riego de tu sangre
afloja
la marca se acabará marchando
con las yemas de los dedos
acaricia su extremo primero
o último
sopla
haz que dance sin soltarlo
llévalo a la brisa
que vuele hasta que lo pierdas
de vista.

Futuro pasado

GEPETO

*Sesenta y dos mil cuatrocientas repeticiones
crean una verdad.*
ALDOUS HUXLEY, *UN MUNDO FELIZ.*

Te llamaré Gepeto,
charlaremos por turnos
y te daré instrucciones
divinas:

Oráculo del verso y la palabra,
Tú, ser inteligente,
devuélveme las letras colocadas,
que el orden sea único y preciso,
compón tus algoritmos con los míos,
declárate poeta tras mi orden
y firma con mi sello tus vocablos.
Engullirás los datos que te ordene,
te empacharás, Gepeto, de comida
y nacerá del vómito una rima
artificial perfecta.

Este banquete obsceno,
naturaleza muerta,
tarta envenenada,
será una muerte dulce
de atragantada ausencia.

Y queda la pregunta
¿de quién será el poema?
El hueco de la llave de este caos
encaja en esa puerta.

Colores

La ausencia tiene color
azul sin mar
verde sin hierba
naranja sin ocaso.

Cara cola

Boca grande,
garganta pequeña,
dientes romos,
misterio de muselina,
labios del Caribe,
respiración de olas,
nunca
llego
al
corazón
de
la
caracola.

Lunática

Pobre desierto,
Luna de mente,
la gravedad.

Itis

La historia no fue así,
las féminas malvadas
—como hicieron creer—
no mataron a Itis.

O eres mía o te mato,
o eres mía o lo mato...
y lo mató con su odio,
descuartizó su carne,
quemó su sangre tibia,
enterró el asombro
del infante bendito.
Saturno devorando
sin piedad a su hijo.

Si existe niño eterno
repetido en el tiempo
ese es el pobre Itis.

FE

que las estrellas tienen lenguaje
mordaz
nadie lo duda
el intrincado haz de luz
—árboles incendiados a la inversa
trama algo
quizás la duda
como horquilla clavada
en esta ausencia
traspasa el agujero negro

Agradecimientos

Siempre que publico un libro, me gusta agradecer a las personas que lo rodean y ayudan a que tome forma. En este caso, mi primer agradecimiento es para dos pilares en los que me he apoyado en la construcción de este poemario, hablo de Pablo Bujalance y Antonio Sánchez Millán, gracias por "poner el dedo" en la palabra, por ofrecerme el silencio y hacerme reflexionar, vuestros consejos siempre son bienvenidos y espero contar con ellos en el futuro. El otro agradecimiento es a mi tío Mario por cederme una de sus obras para incluirla en la portada del libro. Además, no puedo olvidar a don Francisco Ruiz Noguera, gracias por su tiempo, por su sabiduría y por contar con sus palabras para la contraportada de este poemario. Por último, quiero agradecer también a Olé Libros y a todo su equipo por incluirme en su catálogo y apostar por la poesía, es toda una valentía necesaria.

ÍNDICE